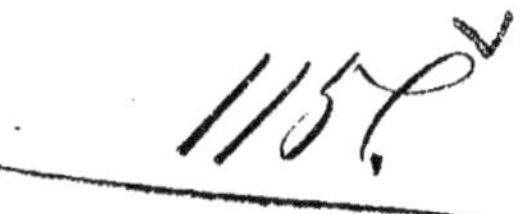

Vente du Jeudi 24 Décembre 1868.

OBJETS

DE LA CHINE & DU JAPON

EXPOSITION PUBLIQUE

Le Mercredi 23 Décembre 1868

DE UNE HEURE A CINQ HEURES.

Me CHARLES PILLET,	M. CH. MANNHEIM,
COMMISSAIRE-PRISEUR	EXPERT

1868

CATALOGUE

d'une jolie Collection

D'OBJETS DE LA CHINE

ET DU JAPON

BEAUX ÉMAUX CLOISONNÉS. — PORCELAINES

BRONZES. — MATIÈRES PRÉCIEUSES

LAQUES. — OBJETS VARIÉS

DONT LA VENTE AURA LIEU

HOTEL DROUOT, Salle N° 4

Le Jeudi 24 Décembre 1868

A DEUX HEURES

Par le ministère de Me **CHARLES PILLET**, Commissaire-Priseur,
10, rue Grange-Batelière,

Assisté de **M. Charles MANNHEIM**, Expert, rue Saint-Georges, 7.

Chez lesquels se distribue le présent Catalogue.

EXPOSITION PUBLIQUE

Le Mercredi 23 Décembre 1868, de une heure à cinq heures.

CONDITIONS DE LA VENTE.

Elle sera faite au comptant.

Les adjudicataires payeront *cinq pour cent* en sus des enchères.

———

Paris. — Imprimerie de PILLET fils aîné, rue des Grands-Augustins.

DÉSIGNATION DES OBJETS

ÉMAUX CLOISONNÉS

1 — Grand et beau brûle-parfums en émail cloisonné, formé d'un personnage en riche costume et tenant un fruit de la main gauche, à califourchon sur un cerf debout ; le tout émaillé en couleurs variées. Pièce curieuse et rare.

Sur socle en bois sculpté découpé à jour.

> Haut., 80 cent. ; larg., 60 cent.

2 — Deux grandes et belles vasques en émail cloisonné, couvertes de plantes aquatiques en couleurs sur fond bleu turquoise. La partie inférieure des pièces, émaillée blanc, représente les vagues de la mer.

> Haut., 38 cent. ; diam., 50 cent.

— Deux beaux vases, modèle rouleau, en émail cloisonné à fleurs et ornements sur fond bleu turquoise et enrichis de médaillons de formes variées décorés de fleurs sur fond blanc.

> Haut., 48 cent.

4 — Deux boîtes rondes en émail cloisonné à fleurs sur fond
bleu turquoise, et médaillons animaux chimériques sur
fond vert.

Diam., 34 cent.

5 — Deux vases, modèle balustre hexagone, en émail cloisonné à fleurs sur fond bleu turquoise.

Haut., 42 cent.

6 — Deux grandes et belles boîtes rondes et plates, en émail
cloisonné, décorées de médaillons de fleurs et d'animaux
chimériques se détachant en couleurs sur fonds blanc et
jaune. Le fond général, bleu turquoise, est relevé par des
rinceaux en couleurs.

Diam., 31 cent.

7 — Deux jolis brûle-parfums formés chacun d'un éléphant
blanc couvert d'un caparaçon bleu turquoise et surmonté
d'un petit vase en cuivre doré émaillé à gouttelettes.

Haut., 24 cent.

8 — Deux vases, modèle balustre, en émail cloisonné; la
panse, à fond noir, est décorée de médaillons de fleurs en
couleurs sur fond blanc. Le col offre des fleurettes en couleurs se détachant sur fond rouge.

Haut., 32 cent.

9 — Théière de forme sphérique aplatie, en émail cloisonné
fond bleu turquoise et médaillons décorés en couleurs. Le
goulot est formé par une tête d'animal fantastique, et
l'anse simule une sorte de chimère dont le corps est en

émail cloisonné à fond blanc, et la tête et la queue en bronze doré. Les pieds de la pièce sont en forme de chauve-souris et en bronze doré.

10 — Théière pareille à celle qui précède, et pouvant lui servir de pendant.

11 — Petit vase, modèle balustre, en émail cloisonné, fond bleu turquoise et décoré de fleurs et d'ornements en couleurs.

PORCELAINES

12 — Grande vasque, en ancienne porcelaine de Chine, présentant au pourtour quantité de vases en relief, décorés en émaux de la famille verte.

Diam., 60 cent.; haut., 50 cent.

13 — Grand et beau vase, de forme carrée de plan et à gorge ronde, en ancienne porcelaine de Chine, décoré en émaux de la famille verte. Il offre sur chacune de ses faces des médaillons renfermant des animaux fantastiques et des modèles, et le fond est couvert de fleurs.

Haut., 51 cent.

14 — Deux vases, modèle balustre, en porcelaine, émaillée rouge haricot.

Haut., 60 cent.

15 — Grand et beau vase cylindrique en porcelaine de Chine, émaillée bleu fouetté.

Haut., 75 cent.

16 — Vase cylindrique en porcelaine craquelée gris de la Chine, à dessins gravés sous émail et présentant en relief divers animaux et attributs divers, émaillés blanc.

Haut., 42 cent.

17 — Deux vases, forme cylindrique, en porcelaine de Chine, émaillés rouge haricot.

Haut., 59 cent.

18 — Vase, modèle bouteille, à panse sphérique, en porcelaine dé Chine, émaillé bleu uni.

Haut., 55 cent.

19 — Joli vase, modèle balustre, en céladon bleu turquoise, à ornements gravés sous émail et à têtes chimériques saillantes, simulant des anses.

Haut., 57 cent.

20 — Vase cylindrique en porcelaine de Chine, émaillée bleu fouetté et décors d'or.

Haut., 47 cent.

21 — Deux vases, modèle balustre, en porcelaine de Chine, émaillée rouge haricot.

Haut., 57 cent.

22 — Deux vases, modèle bouteille, de mêmes porcelaine et qualité.

Haut., 42 cent.

23 — Petite potiche en ancienne porcelaine de Chine, décorée de figures dans des paysages émaillés en couleurs.

Haut., 30 cent.

24 — Deux vases, modèle gourde, en porcelaine de Chine, émaillée rouge haricot.

Haut., 37 cent.

25 — Beau plat en ancienne porcelaine de Chine, décoré d'un sujet familier en émaux de la famille verte.

Diam., 41 cent.

26 — Autre plat, en ancienne porcelaine de Chine, décoré d'un paysage avec cours d'eau en émaux de la famille verte.

Diam., 35 cent.

27 — Plat rond en ancienne porcelaine de Chine, décoré d'un paysage montagneux en émaux de la famille verte.

Diam., 34 cent.

28 — Autre plat décoré de même, et offrant au centre un cerf dans un paysage.

Diam., 34 cent.

29 — Trois vases cylindriques en porcelaine de Chine, décorés de figures émaillées en couleurs.

Haut., 45 cent.

30 — Vase, modèle bouteille, en porcelaine de Chine émaillée rouge haricot de très-belle nuance.

Haut., 41 cent.

31 — Vase modèle balustre renversé, de mêmes porcelaine et décor.

Haut., 37 cent.

32 — Deux petits vases, modèle cornet à quatre lobes, en porcelaine de Chine émaillée rouge-brun.

Haut., 23 cent.

33 — Trois bouteilles en porcelaine de Chine émaillée, rouge haricot.

Haut., 22 et 30 cent.

34 — Coq en terre cuite sur un tronc d'arbre.

35 — Boîte de forme carrée en porcelaine du Japon, à décor de paysages en camaïeu bleu, à quatre compartiments.

36 — Socle de forme carré long, à quatre pieds, en porcelaine, à décor en camaïeu bleu.

37 — Coupe ronde et creuse, à décor en camaïeu bleu.

38 — Coupe analogue à celle qui précède.

39 — Bonbonnière en porcelaine blanche, à décor en camaïeu bleu.

40 — Bonbonnière analogue.

41 — Deux petites jardinières oblongues en porcelaine blanche, à décor en camaïeu bleu.

42 — Petite boîte ronde à gâteaux, et à trois compartiments, en porcelaine blanche, et décor en camaïeu bleu.

43 — Six assiettes creuses à pans, en porcelaine blanche, et décor en camaïeu bleu.

44 — Deux théières en porcelaine blanche, et décor en camaïeu bleu.

MATIÈRES PRÉCIEUSES

45 — Cristal de roche. Animal fantastique couché, supportant un vase à couvercle, le tout pris dans la masse.

Haut., 18 cent.

46 — Cristal de roche. — Figurine de femme debout.

Haut., 12 cent.

47 — Jade vert. Deux coupes rondes, avec couvercle, parfaitement évidées, sur socle-étagère en bois sculpté.

Diam., 12 cent.

48 — Lapis-lazuli. Beau collier composé d'un grand nombre de boules de belle nuance.

49 — Lapis-lazuli. Autre beau collier composé d'un grand nombre de boules.

BRONZES

50 — Fontaine à panse ovoïde, en bronze incrusté de filets
d'argent. Le goulot, les anses et le bouton du couvercle
sont formés par des animaux fantastiques. Travail japonais.

Haut., 56 cent.

51 — Chimère en bronze incrusté de filets d'argent, repo-
sant sur un rocher en bois sculpté. Travail japonais.

52 — Deux presse-papiers formés chacun par une grenouille
d'assez forte dimension, enlacée par un serpent. Pièces
curieuses.

53 — Divinité chinoise en bronze doré, enrichie de pierres
diverses incrustées.

54 — Petit brûle-parfums carré à angles arrondis en bronze
de la Chine, entièrement couvert d'animaux fantastiques,
finement ciselés et à anses, têtes chimériques dorées.

Larg., 16 cent.

55 — Deux figurines en bronze. Le dieu du Bien et le dieu
du Mal.

Haut., 28 cent.

56 — Joli brûle-parfums de forme rondé en bronze du Ton-
kin à fleurs et branchages dorés, sur socle en bois sculpté.

Diam., 12 cent.

57 — Brûle-parfums à trépied et à couvercle surmonté d'une
chimère. Bronze chinois.

Haut., 20 cent.

58 — Brûle-parfums formé d'une perdrix en bronze. Travail
chinois.

Haut., 14 cent.

59 — Deux petits vases modèle balustre, en bronze, à anses
têtes de dragons et ornements en relief.

Haut., 22 cent.

60 — Pitong formé d'un tronc d'arbre avec figures en ronde
bosse. Travail chinois.

Haut., 28 cent.

61 — Deux personnages debout, en bronze.

Haut., 18 et 23 cent.

LAQUES & OBJETS VARIÉS

62 — Deux grandes boîtes, de forme octogone et plate, en
laque rouge ciselé de Pékin, à ornements en relief et
parties ajourées, garnies de grilles de cuivre.

Diam., 43 cent.

63 — Deux boîtes de forme sphérique en laque rouge de
Pékin, offrant en relief des dragons fantastiques se
jouant dans les nuages.

Diam., 27 cent.

64 — Boîte analogue à celle qui précède, mais de décor dif-
férent.

Diam., 27 cent.

65 — Boîte carrée, à angles arrondis, en laque rouge de Pékin, décorée de dragons en relief et offrant au pourtour
des rosaces et quadrillages.

Larg., 18 cent.

66 — Petite boîte de forme lenticulaire en laque rouge de
Pékin, décorée de dragons se jouant dans les flots.

Diam., 14 cent.

67 — Grande boîte de forme sphérique aplatie en laque pail-
leté et rosaces en nacre incrustées.

Diam., 34 cent.

68 — Deux boîtes rondes et plates en laque noir incrusté
de figures dans des paysages en nacre de perle.

Diam., 32 cent.

69 — Plateau carré à angles arrondis en laque rouge de Pékin, à fleurs en relief.

Larg., 28 cent.

70 — Corbeille à pieds cintrés contournés, intérieur laqué
rouge.

71 — Petit cabinet à deux tiroirs en laque noir, fleurs or et argent en relief.

72 — Bol à pied en laque noir, décor fleurs et or.

73 — Boîte à thé de forme carrée haute, en laque noir; intérieur en métal argenté, avec deux compartiments laqués noir et or.

74 — Boîte-nécessaire en laque rouge et papillons or, avec sept tiroirs à l'intérieur.

75 — Plateau creux en laque rouge et fleurs or.

76 — Théière en laque noir.

77 — Bol avec anses en laque noir et fleurs or, intérieur décoré or.

78 — Petit plateau rond sur trois pieds, en laque noir et fleurs or.

79 — Grand plateau carré long, en bois noir sculpté.

80 — Petit vase gourde, en laque noir et fleurs or.

81 — Deux raquettes pour volants avec figures japonaises.

82 — Vase en terre cuite de couleur foncée avec anse en S.

83 — Écran en bois noir sculpté.

84 — Théière avec anse mobile, couvercle à charnière, en bois laqué noir.

85 — Seau japonais en bois laqué noir et rouge.

86 — Table avec pieds, laquée rouge, ornements or, intérieur formant boîte, avec neuf cases forme plateaux.

87 — Écran bois noir laqué et doré, supportant deux boules en cuir avec cordelières.

88 — Plateau carré, fond or, laque aventuriné.

89 — Tambour japonais, avec support bois ordinaire.

90 — Boîte de forme carrée haute, à coulisse, laquée, fond jaune et décorée de fleurs, d'arbres et d'oiseaux ; quatre tiroirs à l'intérieur ; anses forme papillons.

91 — Boîte carrée laquée noir, intérieur aventuriné.

92 — Petite boîte carrée, laquée noir et fleurs or ; intérieur à compartiments.

93 — Petite boîte à gants, laque noir et fleurs or ; intérieur aventuriné.

94 — Boîte à gants en laque aventuriné et or.

95 — Grande corbeille laquée, fond aventuriné.

96 — Petit meuble toilette, laque noir et or, porte-glace, et deux tiroirs contenant les objets suivants : trois peignes, boîte à poudre, plateau rond, cinq pinceaux, brosse, peigne et glace métallique dans sa boîte.

97 — Chibatchi en laque noir et décor or, intérieur garni de métal.

98 — Vase à boire en corne sculptée, à paysages et figures ; travail chinois très-fin, sur socle en bois sculpté.

99 — Deux pitongs en bambou sculpté, à figures et paysages.

ÉTOFFE

100 — Grand tapis de table en étoffe blanche richement brodée à dragons, fleurs et ornements en soies de couleurs.

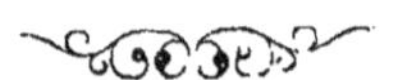